AF263799

NOTICE BIOGRAPHIQUE

SUR

M. H. PIQUE

ARCHIPRÊTRE

DOYEN DE NOTRE – DAME A VALENCIENNES,

PAR M. L'ABBÉ J. LASNE,

Supérieur de l'institution Notre - Dame.

Beati pacifici.

VALENCIENNES,

J. GIARD, LIBRAIRE-ÉDITEUR,

PLACE D'ARMES. 49.

1866

IMPRIMERIE DE E. PRIGNET , A VALENCIENNES.

I

Plusieurs voix déjà se sont élevées, pour
rendre un juste hommage au vénérable doyen
qui tout récemment a été ravi à l'affection de
ses ouailles. Des articles nécrologiques, accom-
pagnés d'éloges mérités, lui ont été consacrés
dans certaines publications de la localité et du
dehors ; et ce qui est bien plus glorieux à sa mémoire, l'un de ses supérieurs ecclésiastiques,
M. Philippe, vicaire-général et archidiacre de
Valenciennes, a déposé sur sa tombe, en présence d'une nombreuse assistance, la couronne
la plus enviable qu'un prêtre du Seigneur puisse
désirer sur cette terre.

Devant ce concert de louanges, nous devrions garder le silence. Mais une forte inspiration nous pousse à joindre notre hommage, quel qu'il soit, à des éloges d'une si haute portée ; et en cela nous sommes guidé par le sentiment du devoir, par la reconnaissance, et, j'oserai le dire, par l'amitié.

Envoyé en 1850 par Monseigneur Giraud, avec M. l'abbé Neuwe, dont le souvenir toujours vivace ne s'effacera jamais de notre cœur, pour fonder un établissement ecclésiastique à Valenciennes, nous fûmes accueilli par M. Pique avec une bienveillance qui depuis 16 ans n'a pas faibli un seul instant. Il nous traitait avec la bonté d'un père, et nous ressentions pour lui une vénération, une affection vraiment filiale. Associé bien des fois aux efforts de son zèle pour le bien de sa paroisse, nous l'avons vu de près à l'œuvre, et il nous a été donné de pénétrer avec édification dans les secrets de cette âme profondément sacerdotale. L'amitié sera donc notre excuse, si nous élevons la voix après plusieurs autres dont la parole était revêtue d'une plus grande autorité.

Les circonstances nous prêtent une autre excuse, qui sera, je l'espère, acceptée de nos concitoyens. Le vénéré pasteur que nous avons perdu n'a point encore de monument funèbre; ses restes reposent dans un terrain qui ne lui appartient pas. Les paroissiens de Notre-Dame, dont il fut pendant plus de trente ans le pasteur et le père, ne se sentiront-ils pas obligés de lui payer ce dernier tribut de leur reconnaissance ? Nous sommes persuadé que cette pensée généreuse trouvera un facile accès dans leur cœur ; et nous serions heureux de contribuer, en quelque chose, par la publication de cette simple notice, à une bonne œuvre, qui fera la gloire du troupeau et du pasteur.

II

M. Pique naquit à St.-Amand, le 18 août
1794, d'une famille d'honnêtes cultivateurs, qui
dans ces temps orageux avaient conservé
pieusement le dépôt de la foi. Il fut baptisé par
un de ces intrépides missionnaires, que la
crainte de l'échafaud n'avait point exilés du sol
de la France, et il reçut les noms d'Hyacinthe-
Flore. Son enfance s'écoula paisible sous les
yeux de ses parents ; sa piété précoce annon-
çait déjà la vocation sublime à laquelle il était
destiné, et, dès qu'il le put, il entra au séminaire
de Cambrai. C'était vers la fin de 1812. Le
séminaire ne comptait alors qu'un petit nom-

bre d'élèves : les guerres de l'empire avaient fait de trop grands vides dans les familles, pour qu'ils pussent être comblés de sitôt. Parmi ses condisciples il remarqua M. Philippe, aujourd'hui vicaire-général, avec lequel il se lia d'une amitié étroite, qui ne devait être brisée que par la mort. C'est le témoignage que son ami lui a rendu publiquement dans la cérémonie solennelle de ses funérailles.

Ses études ecclésiastiques étant terminées, il reçut l'ordre de la prêtrise des mains de Monseigneur Belmas, le 4 juin 1819, dimanche de la Très-Sainte Trinité. Il fut immédiatement après son ordination, nommé vicaire de Saint-André à Lille, où il ne passa que quelques mois. Cette épreuve avait paru suffisante à ses supérieurs, et au commencement de 1820, ils lui confièrent la cure de Château-l'Abbaye, près de Saint-Amand. M. Pique n'avait alors que 26 ans ; mais par son zèle, sa réserve et sa prudence, il se montra digne de la confiance de son évêque. Au bout d'un an il fut transféré à la cure de Flines-lez-Mortagne, où il passa environ onze ans. Ce fut l'époque la plus heureuse de sa vie, et il aimait à se la rappeler, même dans ses dernières années, avec une touchante simplicité. Il a laissé dans cette édifiante paroisse des souvenirs durables qui ne sont pas effacés. Tous ceux qui l'ont connu pendant ces belles années lui ont rendu ce glorieux témoignage qu'il était infatigable au travail du saint ministère à l'égard de tous ses paroissiens, et qu'en même temps il se montrait d'une complaisance admirable pour les vieillards du sacerdoce, si nombreux alors, qui desservaient les paroisses voisines, et que l'âge et les infirmités réduisaient à l'impuissance. Le jeune curé, plein de force et de vigueur, et tout rempli de vénération pour ces vaillants martyrs de la fidélité sacerdotale, suppléait à tout, et se rendait au premier signe, au premier appel, sans se plaindre jamais de la fatigue, ni de la multiplicité de ses occupations. En un mot il fut un excellent curé pour ses paroissiens, et un confrère dévoué pour les curés voisins qui avaient recours à son zèle et à sa charité, méritant ainsi l'éloge de l'Evangile : Serviteur prudent et fidèle que le Seigneur a établi sur sa maison : *fidelis servus et prudens, quem constituit dominus suus super familiam suam* (Math. XXIV, 45.).

III

Il vivait tranquille au milieu de ses chers paroissiens, dont il avait acquis l'estime et l'affection, quand en 1832 Monseigneur Belmas le nomma doyen de St.-Nicolas à Valenciennes. C'étaient les prémices de son ministère dans une ville où il devait désormais vivre et mourir. La cure de Notre-Dame étant venue à vaquer en 1835, il fut promu à cette charge importante et il la garda jusqu'à sa mort.

Les autres honneurs ecclésiastiques vinrent comme spontanément s'accumuler sur sa tête. Après la mort de M. Meurice, il fut choisi pour

»

devenir l'archiprêtre de tout l'arrondissement de Valenciennes, et au commencement de l'année 1843, Monseigneur Giraud l'éleva à la dignité de chanoine honoraire de la métropole de Cambrai.

Les honneurs même civils se présentèrent à lui dans sa vieillesse et firent une sorte de violence à sa modestie. Après la consécration solennelle de la magnifique église, à laquelle il avait tant contribué, il reçut du chef de l'état, comme récompense de son zèle, la croix de la Légion d'honneur ; et il en portait les insignes avec une douce satisfaction en pensant qu'il n'avait rien demandé, rien désiré et que ces honneurs étaient un hommage public rendu au clergé dans sa personne, et un souvenir précieux de la grande œuvre qui s'était heureusement accomplie sous son ministère.

Mais cet éclat extérieur, quelque brillant qu'il fût, n'était qu'un signe des qualités solides que le vénéré doyen déployait dans l'exercice de la vie pastorale. Il fut à Notre-Dame ce qu'il avait été à Flines-lez-Mortagne, un saint prêtre, un pasteur zélé pour le bien de son troupeau, un excellent confrère pour les curés placés sous sa juridiction, un homme de Dieu, pieux, fervent, exact, et poussant la régularité jusqu'au scrupule.

Il aimait la pompe et la magnificence des cérémonies catholiques ; il voulait que tout se fît dans son église avec toute la décence et la splendeur possible, et il tenait à présider lui-même aux saints offices. Il s'était consacré à sa paroisse, il faisait tout pour sa paroisse, il ne songeait qu'à sa paroisse. C'est ainsi qu'il comprenait ses devoirs de pasteur, et il les accomplit jusqu'au dernier moment avec une exactitude exemplaire. Qu'il était beau et édifiant de le voir pendant sa vieillesse, arriver de bonne heure à l'église, même dans la saison des frimas, et passer de longues heures dans sa stalle, en adoration devant le Saint-Sacrement, ou en prière pour son peuple ! il s'était, pour ainsi dire, identifié avec sa paroisse, et son ministère était sa vie. En vain le médecin réclamait, au nom d'une santé délabrée contre les intempérances de son zèle. Sa plus grande peine ce n'était pas le mal qui le consumait, mais la perspective de se voir réduit à l'impuissance et incapable de remplir ses fonctions sacrées.

Il alla jusqu'au bout, il tomba même à l'autel, et il fallut que l'autorité diocésaine lui défendît au moins pour un temps, de présider aux offices solennels des dimanches et des fêtes. Il obéit mais ce fut pour lui un immense sacrifice.

Un mois avant sa mort, le 9 septembre il lui fut impossible d'assister à la procession annuelle de Notre-Dame du Saint-Cordon, mais il ne put se résoudre à ne pas voir au moins la rentrée du pieux cortège; et quand il entendit les derniers versets de l'hymne d'action de grâces, et qu'il vit cette foule innombrable de pélérins confiants et recueillis pénétrer avec joie dans l'enceinte sacrée à la suite de l'auguste statue, il fut touché jusqu'aux larmes, et il ne put maitriser son émotion.

D'ailleurs, la dévotion envers Marie lui avait été inoculée dès ses jeunes années, et elle avait grandi avec lui. Il l'aimait comme sa divine mère, il lui consacrait toutes ses œuvres, il propageait son culte par tous les moyens qui étaient en son pouvoir, et il se sentait heureux d'être le pasteur d'une église placée sous son vocable béni.

IV

Son plus grand désir c'était de relever les ruines de Notre-Dame-la-Grande, et de rendre à Valenciennes une basilique qui rappelât les anciens jours de splendeur, et qui fût digne de sa puissante patronne.

Ses deux prédécesseurs en avaient formé le projet, et ils y avaient travaillé selon la mesure de leurs forces, sans aboutir au résultat si ardemment désiré. En entrant dans sa paroisse M. Pique trouvait encore le local qui à la restauration du culte catholique avait été approprié à la hâte, en attendant des jours meilleurs..

Quelles ne furent pas ses impressions, quand il vit ce bâtiment triste et délabré, si peu digne de la majesté du grand Dieu que nous adorons? Dès ce moment, il n'aura plus qu'une seule pensée, c'est de léguer à ses successeurs un temple qui puisse le disputer en grandeur et en magnificences aux plus belles églises du diocèse, et il regardera cette œuvre comme la plus importante de son ministère à Valenciennes.

Cependant malgré les ardeurs de son zèle, il devait attendre de bien longues années encore, avant de voir la réalisation de son projet. Chaque fois de nouveaux obstacles imposaient des délais continuels, et après tant de tentatives infructueuses, on eût été porté à se désespérer. Le bon doyen ne se décourageait pas; il avait confiance dans l'avenir, et il était persuadé que Notre Dame lui viendrait en aide pour accomplir un dessein, qui se rapportait tout entier à sa gloire, et qui avait été conçu sous son inspiration. Ses espérances ne devaient point être déçues. Après 14 ans d'attente le jour était venu de mettre la main à l'œuvre. C'était en 1849. Le conseil de fabrique, s'associant avec une admirable générosité aux intentions du zélé pasteur prit l'initiative de cette grande entreprise. Un vaste terrain fut acheté entre la place des Ursulines et la rue du Grand-Fossart, et l'on mit au

concours le plan de la nouvelle basilique. Celui
de M. de Grigny, architecte d'Arras, ayant été
adopté à l'unanimité, les premiers travaux
furent commencés, et le 13 septembre 1852,
Monseigneur l'archevêque de Cambrai bénissait solennellement la première pierre de
l'édifice.

Quand les premières ressources eurent été
épuisées, les travaux restèrent suspendus pendant quelques années. Mais enfin l'adminis-
tration municipale, présidée par M. Bracq,
reprit généreusement l'entreprise grandiose
qui avait été commencée avec les libéralités des
fidèles. L'œuvre fut poussée avec beaucoup
d'activité par les soins intelligents de M. Blon-
deau, et dès la fin de l'année 1863, on put prévoir que bientôt le nouveau temple du Seigneur
serait livré aux pompes du culte. La consécration solennnelle eut lieu le 4 mai 1864. Ce
jour fut pour le vénéré doyen le plus beau jour
de sa vie. Enfin ses vœux étaient comblés ; sa
carrière ecclésiastique se terminait par un
triomphe éclatant, et il ne lui restait plus rien à
désirer sur la terre.

Ce même jour, il réunissait à sa table les trois
prélats consécrateurs, Monseigneur l'archevêque de Cambrai, Monseigneur l'évêque d'Ar-

ras, et Monseigneur l'évêque de Gand, ainsi que le maréchal Forey, qui était de passage à Valenciennes. Son cœur était dans la jubilation, et son bonheur surpassait son attente. Toutefois, le soir, il eut des larmes d'attendrissement, quand il dut dire adieu à cette vieille église, où il avait exercé le saint ministère pendant près de 30 ans, et qui lui rappelait de si touchants souvenirs. Ainsi son âme partagée entre les regrets et la joie, bénissait Dieu du passé, et entrevoyait l'avenir sous les plus belles espépérances ; il ne devait pas en jouir longtemps.

V

A peine les fêtes religieuses étaient-elles
terminées que le respectable vieillard se trouva
aux prises avec de nouvelles difficultés. Il
fallait tout organiser dans une église récemment ouverte au culte; il fallait briser avec
d'anciennes habitudes, et en même temps lutter
contre l'âge et les infirmités. C'en était trop.
Ces deux dernières années de sa vie furent
très-pénibles; elles semblèrent montrer à tous
les yeux qu'il n'est point de vrai bonheur sur
cette terre d'exil, et que Dieu se plaît à semer
les croix au milieu des plus beaux triomphes,
afin de rappeler sans cesse l'homme à sa des-
tinée.

Le bon doyen sentait chaque jour ses forces s'affaiblir, et il entrevoyait le jour peu éloigné où il lui serait impossible de continuer sa mission. La vieillesse se hâta pour lui avec ses tristesses et ses privations. La mémoire commença à lui faire défaut, les autres facultés s'affaissèrent : c'était l'annonce de la mort qui, peu à peu, élargissait son domaine. Il comprenait bien que le moment était venu de se décharger du lourd fardeau de la responsabilité ; mais il n'avait plus la force de quitter son église ni sa paroisse, et il en était péniblement affecté.

Ce qui redoubla ses angoisses, c'est qu'il se trouva tout-à-coup privé du concours de deux de ses collaborateurs, que la maladie forçait à se retirer. Dans sa détresse, il entreprit un voyage à Cambrai, pour exposer lui-même à Monseigneur l'état de sa paroisse, et le supplier d'y subvenir par un prompt secours. C'était au commencement d'août : cette démarche solennelle et touchante devait être la dernière.

Vers le milieu de septembre, les douleurs s'accroissant, tandis que les forces diminuaient graduellement, le pieux doyen se vit privé du bonheur d'offrir le saint sacrifice de la messe.

Tout-à-coup l'épidémie éclata comme un coup de foudre. Elle n'avait fait jusque-là que quelques victimes isolées, mais à partir des premiers jours d'octobre, elle sévit avec une intensité effrayante, promenant ses ravages dans toute la ville et dans toutes les classes de la société. Pendant deux semaines la cité tout entière fut en proie à un mal étrange, qui répandait dans les âmes la consternation et l'épouvante. Ce fut au milieu de ces jours de deuil et d'affliction que le pasteur fut frappé. Il ne sortait plus depuis quelque temps, et il ne savait pas même dans leur étendue les désastres de sa paroisse, quand la maladie vint l'assaillir et ajouta cette grande victime à tant d'autres que ses coups n'avaient point épargnées. Il en sentit les premières atteintes le samedi matin, 6 octobre ; et le mal fit de si rapides progrès que vers le milieu de la journée son confesseur lui proposa de recevoir les derniers sacrements : ce que le pieux malade accepta avec empressement. La cloche qui depuis quelques jours ne retentissait plus pour annoncer l'agonie ou la mort des fidèles, tinta un son lugubre qui attira en peu de temps un grand nombre d'assistants ; le clergé de la paroisse, revêtu des ornements sacrés et les membres de la fabrique, portant des flambeaux, formèrent le cortége pour accompagner le saint Viatique jusque dans la chambre du mourant. Là M. le doyen de Saint-Nicolas, avant d'administrer la sainte communion et l'extrême-onction , adressa une touchante allocution à son bien-aimé confrère, et le malade y répondit par les sentiments les plus vifs de foi et de confiance en Dieu. Le reste de la journée se passa dans le calme et la résignation ; son âme goûtait cette paix douce et sereine que la visite du Sauveur répand dans un cœur bien disposé. Enfin, le dimanche, à une heure du matin, il entrait en agonie, et vers six heures il remettait son esprit entre les mains de son Dieu.

VI

Le jour même de la mort, son corps revêtu des ornements sacerdotaux et des insignes de sa dignité, fut exposé dans une chapelle ardente, et il fut visité, ce jour là et le lendemain, par une foule relativement considérable, si on se représente la consternation qui régnait dans la cité, et le grand nombre de ceux qui l'avaient quittée pour échapper plus sûrement aux atteintes du fléau. Les funérailles eurent lieu le mardi 9 octobre; on y déploya la pompe usitée dans ces circonstances, et toutes les autorités s'y prétèrent avec un louable empressement.

La sainte messe fut célébrée par M. le doyen
de St-Nicolas en présence de plus de 50 prêtres,
les amis du défunt, qui étaient accourus des
diverses parties du diocèse, pour rendre ce dernier devoir à leur excellent ami. Avant de
faire l'absoute, M. Philippe, vicaire-général
apparut en chaire, avec les marques du deuil et
de l'affliction, et il prononça d'une voix émue
une allocution très-touchante.

« Il rendit d'abord hommage aux vertus du
« saint prêtre dont la paroisse de Notre-Dame
« pleurait la perte, et réclama en faveur de son
« âme les prières de tous les assistants ; car quel-
« que vertueux qu'il ait été, la responsabilité
« immense qui pesait sur ses épaules lui im-
« posait une charge bien redoutable pour la
« faiblesse humaine, et l'on a toujours à crain-
« dre que le juste juge ne trouve même dans
« les âmes les plus droites quelque imperfection
« à expier.

« Alors l'orateur fit entendre les gémisse-
« ments plaintifs des âmes du purgatoire, de-
« mandant avec larmes nos prières et nos
« suffrages. Mais pouvait-il se taire sur les
« circonstances douloureuses dans lesquelles le
« pasteur avait été enlevé à sa paroisse? Le

« représentant de l'autorité diocésaine était
« venu sans doute pour bénir la mémoire d'un
« saint prêtre, mais aussi pour s'associer, par
« une compassion sympathique, aux tribula-
« tions du troupeau ; et en apportant aux ha-
« bitants de Valenciennes, la parole de conso-
« lation de la part de Monseigneur l'arche-
« vêque, il les exhorte vivement à profiter de
« cet avertissement divin, et à apaiser la colère
« de Dieu par un retour sincère et une conver-
« sion parfaite. »

Cette éloquente exhortation fit dans tout
l'auditoire une profonde impression. Après
l'absoute, le cortége se mit en route vers le
champ du repos ; la douleur était peinte sur tous
les visages, et un silence morne et lugubre régnait dans cette foule compacte qui suivait les
restes d'un doyen bien-aimé.

Ainsi avait passé l'homme de Dieu, en fai-
sant le bien, à l'exemple de son divin Maître.
Il repose au milieu de ses paroissiens, non loin
de la porte d'entrée, le long de la grande
allée, qui est bordée de tant de monuments
funèbres. Là il attend la pierre sépulcrale, qui
transmettra à la postérité le souvenir de ses
bienfaits. Mais ce n'est que la moindre partie

de lui-même; son âme, dégagée de tout élément terrestre et admise devant Dieu, continue pour ses ouailles le ministère d'intercession céleste qu'il avait commencé sur la terre.

VII

Il ne nous reste plus qu'à tracer en quelques mots le portrait du vénéré doyen de Notre-Dame. Quoique nous l'ayons beaucoup aimé pendant sa vie, nous ne nous laisserons point aveugler par l'affection, et nos éloges n'auront rien d'exagéré ; d'ailleurs, après la mort, l'homme entre dans le domaine de l'histoire, et il ne demande plus que la justice et la vérité.

M. Pique n'était pas un de ces hommes qui par les talents extraordinaires commandent l'admiration de ceux qui les entourent. Ses études avaient été incomplètes et trop rapides ; et on le comprend, à une époque si voisine de la Révolution, où l'Église avait hâte de réparer ses pertes et où les besoins du ministère étaient si impérieux. Mais s'il était resté étranger à la plupart des connaissances profanes, il connaissait bien la science de son état, la science sacrée, et, par une longue expérience, il y avait ajouté la plus utile de toutes, la connaissance du cœur humain. C'est ce qui faisait que tant de pénitents affluaient sans cesse à son confessionnal, pour lui demander des conseils salutaires. Sa bonté attirait les pécheurs, et ses avis paternels les ramenaient peu à peu dans la voie du devoir et du salut. D'ailleurs il était d'une assiduité admirable pour l'accomplissement de ce saint devoir, même dans les dernières années, quand une toux suffocante lui laissait à peine le libre usage de la parole.

La prédication du bon doyen respirait la noble simplicité de son cœur ; sa parole n'avait ni ornement ni recherche, mais elle était bonne et affectueuse. On le remarquait surtout dans la conversation, dans ces entretiens secrets qui ont tant d'empire sur les âmes, et qui font le charme de l'amitié. Ajoutez-y une rare modestie , qui lui faisait reconnaître la vérité des choses simplement et sans détour.

Le trait le plus saillant de son caractère était la bonté : elle se traduisait par une affabilité vraiment touchante, par un abord aimable et facile, par une condescendance que rien ne rebutait. Il pratiquait admirablement la charité envers le prochain dans ses paroles et dans sa conduite, son cœur ne connaissait point l'amertume ni le fiel, et ne supposait pas le mal dans les autres, selon le précepte de l'apôtre, *charitas non cogitat malum*. Pour être juste, il faut ajouter que l'âge et les maladies avaient réussi à aigrir ce caractère si bon et si indulgent ; mais ce n'étaient là que des crises passagères, et bientôt l'aménité des procédés et des paroles reprenait son empire.

Que dirons-nous de sa générosité et de son amour pour les pauvres ? que de secours abondants il a versés dans leur sein ? avec quelle libéralité il a ouvert à leurs enfants un asile et une école gratuite, qu'il a confiés avec tant de succès aux sœurs de Sainte-Thérèse ! Il ne tenait à rien, à l'argent moins qu'à toute autre chose ; aussi, à sa mort, n'a-t-il laissé à ses héritiers que des legs fort modiques, qui ne sont

point en proportion avec les charges impor-
tantes qu'il avait si longtemps exercées.

Les autres vertus sacerdotales ne brillaient
pas en lui d'un moins vif éclat. Sa piété était
profonde et sincère, sa réserve admirable, sa
conduite toujours sage et régulière. Nulle ombre
n'a terni sa vie ; il a paru irréprochable devant
les hommes, offrant à leurs yeux l'image d'un
saint prêtre, d'un pasteur dévoué. C'est par là
qu'il s'est élevé à la hauteur de sa charge, et
qu'il a répondu à l'attente de ses supérieurs,
laissant à tous ses confrères un bel exemple de
dévouement et de fidélité à tous les devoirs du
saint ministère.

La paroisse de Notre-Dame, si cruellement éprouvée pendant le cours de cette année, vient de subir une nouvelle perte par la mort de M. l'abbé Édouard DUFOSSEZ.

Après avoir passé plusieurs années dans l'enseignement, il fut nommé, dans les premiers jours d'août, vicaire de Notre-Dame à Valenciennes. La vie de retraite et d'occupation continuelle qu'il avait menée jusque-là, l'avait formé à la pratique austère du dévouement; il eut bientôt occasion de le déployer dans toute son étendue. A cette époque, le clergé de Notre-Dame était dans la plus pénible situation. M. le doyen fléchissait sous le poids de la vieillesse et des infirmités; et des trois vicaires de la paroisse, deux étaient forcés par la maladie de se démettre de leurs fonctions; le troisième, après avoir montré un dévouement à toute épreuve, sentait que ses forces commençaient à s'épuiser, et il avait à craindre que bientôt elles ne vinssent à manquer. L'arrivée de M. Dufossez comblait un grand vide, et apportait le plus utile concours. Le jeune vicaire le comprit admirablement, et dès les premiers jours il se mit à la disposition de son doyen, de ses confrères et de tous les paroissiens. Quelques semaines lui suffirent pour gagner l'estime et l'affection de tout le monde ; déjà on avait su apprécier la bonté de son cœur, sa générosité, son zèle et sa piété, et l'on pouvait prévoir tout le bien spirituel qu'il était appelé à procurer dans la paroisse.

Dieu en avait décidé autrement : déjà sa couronne était prête, il était mûr pour le ciel.

Quand l'épidémie parut, il était à son poste. On le vit infatigable et le jour et la nuit, courir au premier signal partout où l'appelait son ministère sacré, et rester même de longues heures au chevet des malades, pour leur donner les consolations de la religion ; il alla jusqu'à ensevelir de ses propres mains plusieurs cadavres abandonnés dans des mansardes où les parents eux-mêmes n'osaient pénétrer.

Cependant, au milieu de tant de fatigues, il conservait la sérénité, et son visage était toujours souriant. Il fut beaucoup consolé, quand il vit la nombreuse assistance qui, pendant la neuvaine, se pressait chaque soir dans l'église pour entendre la parole de Dieu et implorer la puissante intercession de Notre-Dame-du-Saint-Cordon ; mais le jour de la procession, quand il fut témoin de cette immense manifestation de tout un peuple en prière, accompagnant avec des supplications et des larmes la vénérée

M, L'ABBÉ EDOUARD DUFOSSEZ

VICAIRE DE NOTRE-DAME A VALÉNCIENNES.

statue de sa patronne, il éprouva une de ces émotions puissantes que le cœur ne [peut oublier.

Bientôt l'épidémie cessa d'une manière surprenante, par un de ces coups providentiels que la Mère de Dieu ménage pour répondre à la confiance de ses enfants. M. Dufossez en ressentit une joie indicible qu'il se plaisait à manifester en toute circonstance. Sans doute il s'était beaucoup fatigué pendant les ravages de l'épidémie ; il s'était exposé bien des fois à la mort ; mais tout cela tournait à la gloire de Marie, sa bonne et tendre Mère ; et pour un si admirable résultat, rien ne lui aurait coûté ; il était résolu de tout sacrifier, et sa jeunesse et sa vie.

Tant que durèrent ces occupations extraordinaires, le zélé vicaire ne sentit point l'excès de ses fatigues ni la profonde altération qui s'était faite en sa santé. Mais quand les jours de calme succédèrent à cet état de violente surexcitation, il éprouva un malaise et un affaissement qu'il ne connaissait pas encore. On lui conseilla de prendre quelques jours de vacances, afin de retrouver un repos qu'il ne goûtait plus. Il attendit trop tard ; enfin il partit, pour se rendre dans sa famille, le lundi 12 novembre. A peine était-il arrivé chez ses parents qu'il fut obligé de s'aliter ; la maladie prit immédiatement un caractère alarmant ; le pauvre malade, en proie à une fièvre dévorante, perdit bientôt le sentiment de ses souffrances. Il ne recouvra connaissance que la veille de sa mort, le mercredi 21, jour de la Présentation de la Sainte Vierge. Encore ne fut-ce que pendant le temps nécessaire pour recevoir les derniers sacrements : l'auguste Mère de Dieu avait ménagé cette faveur inestimable à son fidèle serviteur. Enfin le jeudi 22 novembre, il expirait doucement, entre les bras de ses parents, à qui ce coup inattendu a causé la plus vive douleur.

Son corps repose dans le cimetière de son village, auprès des tombeaux de sa famille, à l'ombre de cette église, où il a appris à aimer ce Dieu de bonté et d'amour, à qui il a sacrifié son temps et sa vie. Ses jours ont été courts sur la terre, mais pleins de vertus et de mérites. Il est mort victime de son dévouement, et il a mérité la plus belle couronne, celle que l'on gagne par le martyre de la charité. Car, comme dit le Sauveur des hommes, personne ne peut témoigner un plus grand amour qu'en donnant sa vie pour ses amis (Jean, XV, 13). Ne pleurons donc pas sur celui à qui Dieu a fait une si grande grâce ; prions pour lui, afin que, s'il en reste encore, les derniers vestiges de la faiblesse humaine soient promptement effacés, et que bientôt il jouisse de son triomphe prématuré.

statue de sa patronne, il éprouva une de ces émotions puissantes que le cœur ne peut oublier.

Bientôt l'épidémie cessa d'une manière surprenante, par un de ces coups providentiels que la Mère de Dieu ménage pour répondre à la confiance de ses enfants. M. Dufossez en ressentit une joie indicible qu'il se plaisait à manifester en toute circonstance. Sans doute il s'était beaucoup fatigué pendant les ravages de l'épidémie; il s'était exposé bien des fois à la mort; mais tout cela tournait à la gloire de Marie, sa bonne et tendre Mère; et pour un si admirable résultat, rien ne lui aurait coûté; il était résolu de tout sacrifier, et sa jeunesse et sa vie.

Tant que durèrent ces occupations extraordinaires, le zélé vicaire ne sentit point l'excès de ses fatigues ni la profonde altération qui s'était faite en sa santé. Mais quand les jours de calme succédèrent à cet état de violente surexcitation, il éprouva un malaise et un affaissement qu'il ne connaissait pas encore. On lui conseilla de prendre quelques jours de vacances, afin de retrouver un repos qu'il ne goûtait plus. Il attendit trop tard; enfin il partit, pour se rendre dans sa famille, le lundi 12 novembre. A peine était-il arrivé chez ses parents qu'il fut obligé de s'aliter; la maladie prit immédiatement un caractère alarmant; le pauvre malade, en proie à une fièvre dévorante, perdit bientôt le sentiment de ses souffrances. Il ne recouvra connaissance que la veille de sa mort, le mercredi 21, jour de la Présentation de la Sainte Vierge. Encore ne fut-ce que pendant le temps nécessaire pour recevoir les derniers sacrements : l'auguste Mère de Dieu avait ménagé cette faveur inestimable à son fidèle serviteur. Enfin le jeudi 22 novembre, il expirait doucement, entre les bras de ses parents, à qui ce coup inattendu a causé la plus vive douleur.

Son corps repose dans le cimetière de son village, auprès des tombeaux de sa famille, à l'ombre de cette église, où il a appris à aimer ce Dieu de bonté et d'amour, à qui il a sacrifié son temps et sa vie. Ses jours ont été courts sur la terre, mais pleins de vertus et de mérites. Il est mort victime de son dévouement, et il a mérité la plus belle couronne, celle que l'on gagne par le martyre de la charité. Car, comme dit le Sauveur des hommes, personne ne peut témoigner un plus grand amour qu'en donnant sa vie pour ses amis (Jean, XV, 13). Ne pleurons donc pas sur celui à qui Dieu a fait une si grande grâce ; prions pour lui, afin que, s'il en reste encore, les derniers vestiges de la faiblesse humaine soient promptement effacés, et que bientôt il jouisse de son triomphe prématuré.